UNUS ROMANUS

UNUS ROMANUS

Michael Dybicz

DOMUS MILVINA

uxōrī carissimae

Table of Contents

Acknowledgements

I would like to thank Andrew Morehouse for his
professional editing of this novella. His knowledge of
Latin as well as his concern for the flow of the story
were invaluable. Any mistakes that remain arc my
own.

A Note to the Reader

I have attempted to write a story that will both amuse you *and* be easy to understand. If it should fail at either, please read something else. If you are being forced to read this book for class, please (politely!) inform your teacher how this book falls short of either of these two goals.

This story is based on a famous legendary incident from Rome's early history. I have specifially based my own story on the Roman historian Livy's account. Livy's original telling may be found in the back of this volume. The use of only ninety unique words forced me to make some changes to the story. The two kings became almost comic in their wickedness, while the fight on the bridge had to be simplified. Please ask your teacher or consult a translation to see exactly how my story is different.

I

Tarquinius Rēx

Tarquinius ōlim erat rēx
Rōmānōrum. eī placēbat, sed nōn
erat rēx bonus.

semper pecūniam aliīs
Rōmānīs capiēbat; semper aliōs
Rōmānōs interficiēbat. sānē
Tarquinius Rōmānīs nōn placēbat!
itaque Rōmānī Tarquinium ex urbe
exigere volēbant.

Tarquinius tamen ab urbe
abīre nōlēbat; nam Rōma eī
placēbat, sed Tarquinius erat ūnus
vir. itaque Rōmānōs vincere nōn

Tarquinius *Tarquinius* [a name]

Rōmānōrum *of the Romans*

aliīs Rōmānīs *from some Romans*

interficiēbat *was killing*

exigere *to drive out*

1

poterat; nam ūnus vir multōs virōs

vincere numquam potest.

vincere *to defeat*

itaque eī Rōmā abeundum

erat. Tarquinius nōn erat laetus,

eī Rōmā abeundum erat *it had to be go-ed away from Rōme by him;* better, *he had to go away from Rome*

sed tamen Rōmā abiit. nunc

Rōmā *from Rome*

Rōmānī erant laetī. rēx malus ab

urbe abierat; nesciēbant tamen

abierat *had gone away*

quid Tarquinius āctūrus esset.

āctūrus esset *was going to do*

Tarquinius sibi, "nōn laetus,"

inquit, "sum. Rōmānī mē ex urbe

exēgērunt, sed ego sum rēx

exēgērunt *have driven out*

Rōmānōrum. Rōmānī sunt malī,

quia mē exēgērunt.

"Rōmā abīre nōlō. Rōmae

Rōmā *from Rome*
Rōmae *in Rome*

manēre volō. nam rēx Rōmānōrum

manēre *to stay*

sum. sum tamen ūnus vir. ūnus vir

multōs virōs vincere numquam
potest. itaque ūnus vir omnēs
Rōmānōs vincere nōn potest;
omnēs tamen Rōmānī mihi — **mihi** *by me*
vincendī sunt, quia Rōmānīs nōn — **vincendī sunt** *must be defeated*
placeō.

    "et cūr iīs nōn placeō? — **iīs** *to them*
pecūniam iīs capiēbam, sed erat — **iīs** *from them*
pecūnia mea; nam ego sum rēx
Rōmānōrum. iīs quoque nōn — **iīs** *to them*
placeō, quia eōs interficiēbam; sum — **interficiēbam** *I was killing*
tamen rēx Rōmānōrum. nōnne eōs
interficere possum, quia rēx sum? — **interficere** *to kill*

    "quid agam nesciō. quis — **quid agam** *what I should do*
auxilium mihi feret? sciō! Clūsium — **feret** *will bring* / **Clūsium** *to Clusium*
ībō, quia Lārs Porsenna est rēx — **ībō** *I will go* / **Lārs Porsenna** *Lars Porsenna* [a name]

3

Clūsīnus. Clūsium est urbs magna. multī Etruscī sunt Clūsiī. nōnne Porsenna cum multīs Etruscīs Rōmam veniet? nōnne Porsenna Rōmānōs vincet, quia Rōma nōn est magna urbs? semper Porsennae placeō. sānē auxilium mihi feret. ō Rōmānī, mox auxiliō Porsennae Rōmam rūrsus veniam et *numquam* mē ex urbe exigētis!

Clūsīnus *of Clusium* [a city north of Rome]

Etruscī *the Etruscans* [a people living north of Rome]
Clūsiī *in Clusium*

Rōmam *to Rome*
veniet *will come*

vincet *will conquer*

feret *will bring*

auxiliō Porsennae *by the help of Porsenna*

Rōmam *to Rome*
veniam *I will come*

exigētis *you will drive out* [more than one]

II

Clūsium

itaque Tarquinius Rōmā abiit et
Clūsium vēnit. Clūsium eī
placēbat, quia erat magna urbs.
mox domum Porsennae vēnit.
Tarquinius Porsennae, "ō magne
rēx Etruscōrum," inquit, "auxilium
mihi ā tē ferendum est."

    Porsenna respondit, "cūr, ō
Tarquinī, auxilium ā mē tibi
ferendum est? nōnne es rēx
Rōmānōrum? cūr ad urbem meam
vēnistī? semper tamen mihi
placēbās. semper Rōmānī mihi

Rōmā *from Rome*

Clūsium *to Clusium*

mihi ā tē ferendum est *must be brought to me by you*

vēnistī? *have you come?*

5

placēbant. itaque auxilium tibi

feram, quia es rēx bonus et Rōmānī   **feram** *I will bring*

tuī sunt bonī."

Tarquinius, "multī Rōmānī,"

inquit, "ō Porsenna, sunt malī.

nam mē Rōmā exēgērunt. rēgēs   **Rōmā** *from Rome*

nunc iīs nōn placent. fortasse tū   **iīs** *to them*

quoque iīs nōn placēs. fortasse tē

Clūsiō exigent. auxilium ā tē mihi   **Clūsiō** *from Clusium*
exigent *they will drive out*
ā tē mihi ferendum est *must*
be brought by you to me

ferendum est. Rōmā abīre

nōlēbam. Rōmae manēre volēbam.   **Rōmae** *in Rome*
manēre *to stay*

nōnne sum rēx Rōmānōrum?"

Porsenna respondit: "quid?

nunc Rōmānīs nōn placēs? Rōmānī

tē ex urbe exēgērunt?"

Tarquinius Porsennae, "ita vērō," inquit. "Rōmānī malī mē ex urbe exēgērunt! et cūr? quia pecūniam aliīs Rōmānīs capiēbam et aliōs Rōmānōs interficiēbam. nōnne haec rēgī bonō agenda sunt?"

Porsenna respondit, "ō Tarquinī! tū es rēx bonus. semper pecūnia ā rēgī aliīs capienda est et aliī interficiendī sunt. sānē hī Rōmānī sunt malī."

Tarquinius, "itaque," inquit, "ō Porsenna, ferēsne auxilium mihi? veniēsne cum multīs Etruscīs Rōmam? vincēsne Rōmānōs?

aliīs Rōmānīs *from some Romans*

haec *these things*

agenda sunt *must be done*

ā rēgī *by a king*
aliīs *from some*

ferēsne *will you bring?*

veniēsne *will you come?*

Rōmam *to Rome*
vincēsne *will you defeat?*

poterōne rēx semper in urbe esse?

urbe captā, magnam pecūniam tibi

et Etruscīs tuīs dabō."

    Porsenna respondit: "ita vērō,

ō Tarquinī! sānē auxilium tibi

feram! nam, ō rēx bone, mihi

placēs. nunc tamen Rōmānī mihi

nōn placent; nam tē ex urbe

exēgērunt et rēgēs iīs nōn placent.

fortasse mē ex urbe meā exigere

volunt! itaque mihi Rōmam

eundum est. multīs Etruscīs

mēcum Rōmam eundum est. sānē

Rōmānōs vincere poterunt. nam

Clūsium est magna urbs, sed

Rōma nōn est magna urbs. sānē tū

poterōne *will I be able?*
esse *to be*

urbe captā *the city having been captured;* better, *after the city has been captured*
dabō *I will give*

feram *I will bring*

Rōmam *to Rome*

mēcum *with me*
Rōmam *to Rome*

poterunt *they will be able*

8

rēx auxiliō meō Rōmae semper

manēre poteris et Rōmānī tē ex

urbe *numquam* exigent! nam prō tē

urbem capiam! placetne?"

    Tarquinius, "mihi placet,"

inquit, "ō Porsenna! laetissimus

sum quia auxilium mihi ferre vīs.

es bonus rēx. mox Rōmam

veniēmus et Rōmānōs vincēmus!"

    itaque Porsenna domō suā

abiit et Etruscīs, "Rōmam," inquit,

"ō Etruscī, nōbīs eundum est ut

auxilium huic rēgī bonō,

Tarquiniō, ferāmus! Tarquinius

mihi semper placēbat, sed nunc

Rōmānī malī mihi nōn placent.

auxiliō meō *with my help*
Rōmae *in Rome*

manēre *to stay*

exigent *they will drive out*
prō tē *for you*

capiam *I will capture*

ferre *to bring*

veniēmus *we will come*
vincēmus *we will defeat*

domō suā *from his house*

ferāmus *we may bring*

"cūr Rōmānī mihi nōn
placent? Rōmānī Tarquinium
Rōmā exēgērunt. nunc rēgēs iīs
nōn placent! fortasse mē quoque
Clūsiō exigere volunt. sānē hī
Rōmānī sunt malī! venīte mēcum,
ō Etruscī! Rōma nōn est magna
urbs. mox Rōmānōs vincēmus!
mox urbem capiēmus! Rōmā captā,
Tarquinius magnam pecūniam
vōbīs dabit! agite! abeundum est!"
tum Porsenna cum multīs
Etruscīs Clūsiō abiit. omnēs
Rōmam ībant, quia auxilium
Tarquiniō ferre volēbant.

Clūsiō *from Clusium*

venīte! *come!* [an order made to more than one person]
mēcum *with me*

vincēmus *we will defeat*

capiēmus *we will capture*
Rōmā captā *Rome having been captured;* better, *after Rome has been captured*

dabit *will give*
agite! *come on!* [an order made to more than one person]

Clūsiō *from Clusium*

ībant *were going*

ferre *to bring*

10

III

Rōma

quīdam Rōmānus, nōmine Marcus, **quīdam** *a certain, a*

extrā Clūsium erat. Etruscōs ab **extrā** *outside*

urbe abeuntēs vīdit. nōn erat **abeuntēs** *going away*

laetus, quia Tarquinium cum

Etruscīs vīdit.

Marcus sibi, "ēheu!" inquit.

"nōn sum laetus. Tarquinium

videō! Tarquinius mihi nōn placet!

erat rēx malus. semper pecūniam

aliīs Rōmānīs capiēbat et aliōs **aliīs Rōmānīs** *from some Romans*

Rōmānōs interficiēbat. itaque

Tarquinium Rōmā exēgimus! **exēgimus** *we drove out*

11

Tarquinium Rōmam rūrsus venīre
nōlō.

"cūr est Tarquinius cum
Etruscīs? ēheu! Tarquinius
Porsennae placet! Tarquinius
semper Porsennae placet! itaque
Porsenna auxilium Tarquiniō ferre   **ferre** *to bring*
vult! nunc Rōmānī Porsennae nōn
placent, quia Tarquinium Rōmā
exēgimus. ēheu! quid agāmus   **exēgimus** *we drove out*
     quid agāmus *what we should do*
nesciō! multī sunt Etruscī. Rōmānī
nōn sunt multī. Rōma nōn est
magna urbs. Etruscōs vincere nōn
possumus. mihi Rōmam eundum   **possumus** *we are able*
est. Rōmānīs ferendum est quid   **ferendum est** *it must be
     reported*

Tarquinius et Porsenna agant.

ēheu!"

    tum Clūsiō abiit et Rōmam iit.

Rōmae Marcus, "ō Rōmānī!"

inquit, "ēheu! Tarquinium, rēgem

malum, vīdī! Tarquinius Clūsiō

cum Porsennā et multīs Etruscīs

abībat! sānē Porsenna auxilium

Tarquiniō ferre vult! nunc Rōmānī

Porsennae nōn placent.

    "quid agāmus? Etruscōs

vincere nōn possumus, quia multī

sunt Etruscī. mox ad urbem

venient. mox nōs vincent. mox

urbem capient. tum Tarquinius

semper in hāc urbe manēbit. ō

agant *are doing*

Clūsiō *from Clusium*

Rōmae *in Rome*

vīdī *I have seen*
Clūsiō *from Clusium*

agāmus *should we do?*

possumus *we are able*

venient *they will come*
vincent *they will defeat*

capient *they will capture*

13

Rōmānī, Tarquinius nōbīs nōn

placet! quid agāmus?"

    Pūblius Valerius respondit: "ō

Rōmānī, sciō quid agāmus! nōlīte

ab urbe abīre! tum sānē Etruscī nōs

vincent; nam multī sunt Etruscī et

Clūsium est magna urbs. itaque

nōbīs Rōmae manendum est.

Etruscī nōs in urbe manentēs

vincere nōn poterunt; nam ad

urbem venīre nōn poterunt! nōnne

Tiberis nōs dēfendit? nōnne Tiberis

nōs semper dēfendet?

    "possuntne Etruscī Rōmam

nātāre? nōn possunt. itaque omnēs

pontēs nōbīs frangendī sunt. tum

agāmus? *should we do?*

Pūblius Valerius *Publius Valerius* [a name]

agāmus *we should do*
nōlīte . . . abīre *be unwilling to go away;* better, *don't leave*

vincent *will defeat*

nōbīs Rōmae manendum est *it must be stayed by us in Rome;* better, *we must stay in Rome*

manentēs *staying*

poterunt *will be able*

Tiberis *the Tiber River* [the river north of Rome, separating Rome from the Etruscans]

dēfendet *will defend*

nātāre *to swim*

pontēs *bridges*
frangendī sunt *must be broken*

diū Etruscīs extrā urbem

manendum erit, quia ad urbem

venīre nōn poterunt. Porsenna

extrā urbem diū manēre nōlet.

extrā urbem manēre Etruscīs nōn

placēbit. omnēs ad urbem suam

abīre volent.

    "itaque mox Porsenna Rōmā

abībit; nam nōs vincere nōn

poterit. tum Tarquinius quoque

abībit et numquam rūrsus eum

vidēbimus! agite, Rōmānī! omnēs

pontēs nōbīs frangendī sunt nē

Porsenna Rōmam venīre possit."

    Rōmānīs placēbat. itaque

Rōmānī ab urbe abiērunt ut omnēs

diū *for a long time*
extrā *outside of*
Etruscīs . . . manendum erit *it will have to be stayed; better, the the Etruscans will have to stay*

poterunt *they will be able*

diū *for a long time*
nōlet *will not want*

placēbit *will be pleasing to*

volent *will want*

abībit *will go away*

poterit *will be able*

vidēbimus *we will see*
agite! *come on!*

pontēs *bridges*
nōbīs frangendī sunt *must be broken by us*
nē Porsenna . . . possit *so that Porsenna may not be able*

ut *so that*

15

pontēs frangerent; nam nōlēbant
Etruscōs Rōmam venīre. mox
multōs pontēs frēgerant. Rōmānī
erant laetī.

nunc ūnus pōns Rōmānīs
frangendus erat nē Etruscī Rōmam
venīrent et urbem caperent; hunc
tamen pontem frangere nōn
poterant, quia nunc Etruscī ad
Ianiculum vēnerant!

frangerent *they might break*

frēgerant *had broken*

nē . . . venīrent et . . . caperent
*so that they might not come
and capture*

Ianiculum *the Janiculum Hill* [a
hill lying to the north of
Rome and across the Tiber]
vēnerant *had come*

IV

Pōns[1]

Etruscīs vīsīs, Rōmānī ab ponte
abībant. omnēs volēbant ad urbem
īre.

    Rōmānī, "ēheu!" inquiunt.
"Etruscī vēnērunt! multī Etruscī in
Ianiculō sunt! Porsennam
vidēmus! Tarquinium quoque
vidēmus!

    "nescīmus quid agāmus. nunc
pontem frangere nōn possumus,
quia Etruscī ab Ianiculō abeunt et
ad nōs veniunt. Etruscōs vincere

Etruscīs vīsīs *the Etruscans having been seen;* better, *after the Etruscans had been seen*

inquiunt *said*

vēnērunt *have come*

vidēmus *we see*

nescīmus *we do not know*
agāmus *we should do*

possumus *we are able*

---

[1] **pōns** *the bridge*

17

nōn possumus. ab hōc ponte

abeundum est! nōbīs ad urbem

eundum est!"

    laetus erat Porsenna.

Tarquinius quoque erat laetus.

nam Rōmānī ā ponte abībant. nunc

Etruscī urbem capere poterant.

    sed nōn laetus erat Horātius

Coclēs. quis erat Horātius?

Horātius erat Rōmānus, sed

Horātius ā ponte nōn abībat.

omnēs Rōmānī ā ponte abībant,

sed Horātius ad pontem ībat.

    "Rōmānī!" inquit Horātius.

"pōns nōbīs frangendus est. tum

Etruscī Rōmam venīre nōn

nōbīs *by us*

Horātius Coclēs *Horatius Cocles* [a name]

nōbīs *by us*

18

poterunt. tum Etruscī nōs vincere

nōn poterunt. nam Etruscī nātāre

nōn possunt.

　"vultisne Tarquinium Rōmam

rūrsus venīre? vultisne eum

pecūniam vestram capere?

vultisne eum vōs interficere? ego

nōlō!

　"agite! frangite hunc pontem

quoque! vōs dēfendam. mox ad

pontem Etruscī venient! agite!"

　Rōmānīs nōn placēbat.

pontem dēfendere nōlēbant.

nōlēbant quoque pontem frangere;

nam multī Etruscī ad pontem

veniēbant. itaque Rōmānī abībant.

poterunt *will be able*

nātāre *to swim*

vultisne *do you want?* [more than one]

vestram *your* [referring to more than one person]

agite! *come on!* [talking to more than one person]
frangite! *break* [talking to more than one person]
vōs *you* [more than one person]

venient *will come*

dēfendere *to defend*

nunc Etruscī ad pontem veniēbant.

Horātius tamen ab ponte nōn abiit.

Etruscī, "hahahae!" inquiunt.

inquiunt *said*

"ubi sunt Rōmānī? Rōmānōs nōn

vidēmus. sānē Rōmānī sciunt sē

vidēmus *we see*

sē victum īrī *they will be defeated*

victum īrī.

"ecce! est ūnus vir in ponte.

est Rōmānus. quis est hic vir?

potestne ūnus vir pontem

dēfendere? hahahae! ūnus vir

multōs virōs vincere numquam

potest.

"mox eum interficiēmus. tum

interficiēmus *we will kill*

Rōmam veniēmus et urbem

veniēmus *we will come*

capiēmus! mox Tarquinius Rōmae

capiēmus *we will capture*

semper manēre poterit. magnam

poterit *will be able*
magnam pecūniam *a lot of money*

pecūniam nōbīs dabit; nam

auxilium eī tulimus! agite! hunc

ūnum virum interficiāmus!"

    sed Etruscī eum vincere nōn

poterant. Horātius Etruscōs vīcit.

mox Etruscī ab ponte abībant, sed

nōn Rōmam ībant. Etruscī ad

Ianiculum ībant. Porsenna nōn erat

laetus. itaque Porsenna, "cūr"

inquit, "ō Etruscī, ab ponte abītis?

cūr Rōmam nōn ītis?"

    Etruscī respondērunt, "ūnus

Rōmānus nōn abiit. hic vir in

ponte mānēbat. eum vincere nōn

poterāmus."

magnam pecūniam *a lot of money*
nōbīs *to us*
dabit *he will give*
tulimus *we brought*
agite! *come on!* [talking to more than one person]
interficiāmus *let's kill*

Ianiculum *the Janiculum Hill* [a hill lying to the north of Rome across the Tiber River]

abītis *are you going away?* [more than one]

ītis *are you going?* [more than one]

poterāmus *we were able*

Tarquinius iīs, "ō Etruscī!" inquit. "nōnne ūnum virum vincere potestis? ūnus vir multōs virōs vincere numquam potest! agite! ūnusne vir pontem dēfendere potest?

"pōns capiendus est ut Rōmam veniāmus. nōnne Rōmam venīre vultis? nōnne pecūniam vultis? itaque īte ad pontem. interficite hunc virum. tum īte Rōmam. Rōma capienda est, quia Rōmānī mē ex urbe exēgērunt! Rōmā captā, magnam pecūniam dabō!"

iīs *to them*

potestis *you are able* [more than one person]

agite! *come on!* [talking to more than one person]

ut . . . veniāmus *so that we may come*

vultis *you want* [more than one person]

īte! *go!* [talking to more than one person]

interficite! *kill!* [talking to more than one person]

Rōmā captā *Rome having been capture;* better, *after Rome has been captured*

dabō *I will give*

V

Auxilium

itaque Etruscī ab Ianiculō rūrsus
abiērunt. rūrsus ad pontem
vēnērunt. Horātius nesciēbat quid
ageret. Horātius sibi, "ēheu!"
inquit. "quid agam? multī Etruscī
rūrsus ad pontem veniunt! in
ponte manēbō, sed mox Etruscī mē
vincent. mox Etruscī mē
interficient. cūr Rōmānī auxilium
mihi nōn ferunt? omnēsne ad
urbem abiērunt? cūr Rōmānī
pontem nōn frangunt? pōns iīs

quid ageret *what he should do*

quid agam? *what should I do?*

manēbō *I will stay*

vincent *will conquer, will defeat*

interficient *will kill*

omnēsne . . . abiērunt? *have they all gone away?*

23

frangendus est nē Etruscī Rōmam
veniant."

    nunc Etruscī ad pontem rūrsus
vēnerant. Horātius nōn abiit, sed
ad eōs iit. sciēbat sē eōs vincere
nōn posse; ad eōs tamen iit. nam
nōlēbat Etruscōs Rōmam venīre.
nōlēbat Etruscōs urbem capere.
nōlēbat Tarquinium, rēgem
malum, ad urbem rūrsus venīre.

    tum Spurius Larcius, vir
Rōmānus, Horātium ad Etruscōs
euntem vīdit. nōlēbat Etruscōs
Horātium vincere. auxilium
Horātiō ferre volēbat.

nē Etruscī Rōmam veniant *so that the Etrusctans do not come to Rome*

vēnerant *had come*

sē . . . nōn posse *that he was not able*

Spurius Larcius *Spurius Larcius* [a name]

euntem *going*

24

itaque Larcius Titō Herminiō, "ēheu!" inquit. "ō Tite Herminī, vidēsne pontem!? Horātius pontem dēfendit. Horātius nōs dēfendit, sed nōn diū nōs dēfendere poterit. nōnne Etruscī eum victūrī sunt?

"auxilium Horātiō ā nōbīs ferendum est. age! nōnne vīs mēcum īre? nōnne nōs cum Horātiō Etruscōs vincere possumus?"

Herminius respondit: "ō Larcī! ego quoque auxilium Horātiō ferre volō. auxilium eī ā nōbīs ferendum est nē Etruscī Rōmam veniant. ego

Titō Herminiō *to Titus Herminius [a name]*

diū *for a long time*

poterit *he will be able*

victūrī sunt *are abou to defeat, are going to defeat*

age! *come on!*

mēcum *with me*

possumus *we are able*

ā nōbīs *by us*

nē Etruscī Rōmam veniant *so that the Etruscans do not come to Rome*

25

nōlō Tarquinium Rōmae rūrsus
esse."

    tum Herminius Rōmānīs, "hic
pōns," inquit, "nōbīs dēfendendus
est. Etruscīs ad urbem nōn
veniendum est! ego et Larcius ad
pontem ībimus. auxilium Horātiō
ferēmus! eōs vincēmus! sed
auxilium vōbīs quoque ferendum
est. pōns vōbīs frangendus est!
Etruscī, ponte frāctō, Rōmam
capere nōn poterunt; nam Tiberis
nōs dēfendere poterit. agite,
Rōmānī! ferte auxilium urbī
nostrae!"

esse *to be*

Etruscīs *by the Etruscans*

nōn veniendum est *it must not be come*

ībimus *we will go*

ferēmus *we will bring*
vincēmus *we will conquer*

vōbīs *by you* [more than one person]

ponte frāctō *the bridge having been broken*; or, *after the bridge has been broken*

poterunt *will be able*
Tiberis *the Tiber River* [the river north of Rome, separating Rome from the Etruscans]
agite! *come on!* [speaking to more than one person]

ferte! *bring!* [speaking to more than one person]

multī Rōmānī cum Larciō et
Herminiō ad pontem vēnērunt.
tum Larcius et Herminius ad
Horātium vēnērunt. auxilium eī
tulērunt. cum Horātiō pontem
dēfendēbant. aliī Rōmānī mox
pontem frangēbant.

    Etruscī, Larciō et Herminiō
vīsīs, ā ponte abiērunt. hī virī
Etruscīs nōn placēbant, quia
Larcius et Titus multōs Etruscōs
interficiēbant. Horātius Etruscōs
abeuntēs vīdit.

    Horātius, "ō Larcī et
Herminī," inquit, "mihi placētis,
quia mē dēfendistis. Etruscī mē

tulērunt *brought*

Larciō et Herminiō vīsīs
*Larcius and Herminius
having been seen;* or, *after
Larcius and Herminius were
seen*

Etruscōs abeuntēs *the
Etruscans leaving*

placētis *you are pleasing*

dēfendistis *you defended* [more
than one person]

27

victūrī erant. tum vōs vēnistis et
auxilium mihi tulistis. nunc Etruscī
mē vincere nōn possunt. sed mox
Etruscī rūrsus ad pontem venient.
eōs rūrsus vincere nōn poterimus.
cūr aliī Rōmānī nōn vēnērunt? cūr
pontem nōn frangunt?"

Larcius respondit: "aliī
Rōmānī vēnērunt. ecce! pontem
frangunt. mox Etruscī Rōmam
venīre nōn poterunt. mox urbem
capere nōn poterunt, quia Tiberis
nōs dēfendet.

"mox eōs vincēmus, quia extrā
Rōmam diū manēre nōlent.
Clūsium īre volent. itaque Clūsium

victūrī erant *were about to conquer*
vōs *you* [more than one person]
vēnistis *came*
tulistis *you brought* [more than one person]

venient *will come*

poterimus *we will be able*

vēnērunt *have come*

poterunt *will be able*

dēfendet *will defend*

vincēmus *we will conquer*

nōlent *they will not*

Clūsium *to Clusium*
volent *will want*

ībunt. Tarquinius nōs vincere vult, quia eum ex urbe exēgimus. Rōmam tamen numquam rūrsus veniet."

nunc aliī Rōmānī, "ō Horātī!" inquiunt, "pontem prope frēgimus! nunc vōbīs ā ponte abeundum est et ad nōs veniendum est. ponte frāctō, ad urbem venīre nōn poteritis."

ībunt *will go*

exēgimus *we drove out*

veniet *he will come*

inquiunt *said*
prope *nearly*

frēgimus *we have broken*
vōbīs *by you*

ponte frāctō *the bridge having been broken; or, afer the bridge has beeen broken*

poteritis *you will be able*

VI

Ūnus Rōmānus

Horātius et Larcius et Herminius
Rōmam īre volēbant. ā ponte abīre
volēbant. tum Etruscōs vīdērunt.

vīdērunt *they saw*

Etruscī rūrsus veniēbant. multī
Etruscī veniēbant.

Horātius "Larcī!" inquit,
"Herminī! abīte! vōbīs ad urbem
eundum est. mox aliī Rōmānī
pontem frangent. omnibus nōbīs in
ponte nōn manendum est. ūnī virō
in ponte manendum est."

frangent *will break*
omnibus nōbīs *by all of us*

ūnī virō *by one man*

Larciō et Herminiō nōn
placēbat. cum Horātiō in ponte

30

manēre volēbant, sed ab ponte
abiērunt.

Etruscī eōs abeuntēs vīdērunt
et "ecce!" inquiunt. "Rōmānīs nōn
placēmus! sciunt sē victum īrī!
mox pontem capiēmus et Rōmam
veniēmus!"

sed ūnus ex Etruscīs, "ecce!"
inquit. "ūnus vir est in ponte. est
Horātius. Horātius nōn abiit.
Horātius mihi nōn placet. multōs
Etruscōs vīcit. multōs Etruscōs
interfēcit. ad Horātium īre nōlō."

nunc Etruscī, Horātiō vīsō, ad
pontem īre nōlēbant. tum
Porsenna Etruscōs in Ianiculō

eōs abeuntēs *them going away*

inquiunt *they said*

placēmus *we are pleasing*
sē victum īrī *that they will be
    defeated*

capiēmus *we will capture*

veniēmus *we will come*

ex Etruscīs *of the Etruscans*

vīcit *he has defeated*

interfēcit *he has killed*

Horātiō vīsō *Horatius having
    been seen; or, after
    Horatius had been seen*

Ianiculō *the Janiculum* [a hill
    across the Tiber River
    from Rome]

31

manentēs vīdit et, "agite!" inquit,

"ō Etruscī! ūnus vir vōs vincere

nōn potest. Horātius vōbīs

interficiendus est. tum pontem

capiēmus. ponte captō, Rōmam

capere poterimus! īte!"

tum Rōmānī, "ecce!" inquiunt,

"pontem frēgimus! nunc Etruscī

pontem capere nōn possunt. nunc

Rōmam venīre et urbem capere

nōn possunt. nunc Tiberis Rōmam

dēfendere potest. sumus laetī!"

sed Larcius, "ō Rōmānī,"

inquit, "cūr estis laetī? nōnne

Horātium vidētis? ecce! Horātius

ad nōs venīre nōn potest, quia

manentēs *remaining*
agite! *come on!*

vōs *you* [more than one person]

vōbīs *by you* [more than one person]

capiēmus *we will capture*
ponte captō *the bridge having been captured;* or, *after the bridge has been captured*
poterimus *we will be able*
īte! *go!* [talking to more than one person]

frēgimus *we have broken*

Tiberis *the Tiber River* [the river north of Rome, separating Rome from the Etruscans]

sumus *we are*

estis *you are* [more than one person]

vidētis *you see* [more than one person]

pontem frēgistis! ēheu! mox
Etruscī Horātium vincent! mox
Horātium interficient. quid
agāmus!? auxilium Horātiō ferre
volō, sed nōn possum!"

sed auxilium Horātiō ā
Rōmānīs nōn ferendum erat.
Horātius quoque vīderat pontem
frāctum esse. Horātius quoque
sciēbat sē mox victum īrī. Horātius
tamen sciēbat sē, ponte frāctō,
posse ad Rōmānōs venīre! nunc
Horātius in ponte manēre nōlēbat.
in Tiberim dēsiluit et ad Rōmānōs
nātāvit.

frēgistis *you have broken* [more than one person]

vincent *will conquer*

interficient *they will kill*

agāmus *we should do*

ā Rōmānīs *by the Romans*

nōn ferendum erat *did not have to be brought*

vīderat *had seen*

frāctum esse *had been broken*

sē mox victum īrī *that he would soon be defeated*

sē . . . posse *that he was able*
ponte frāctō *the bridge having been broken; or, after the bridge had been broken*

Tiberim *the Tiber River* [a river flowing just to the north of Rome]
dēsiluit *jumped down*

nātāvit *swam*

Etruscī nātāre nōn poterant,

sed Horātius nātāre poterat.

Tiberis erat magnus, sed Horātius

Rōmam nātāvit. nunc omnēs

Rōmānī erant laetī, quia Horātius

ad eōs vēnerat. nunc Etruscī   vēnerat *had come*

Rōmam capere nōn poterant; nam

nunc Tiberis, ponte frāctō, urbem

dēfendēbat. Rōmānī Etruscōs

vīcerant!   vīcerant *had conquered*

fīnis.

Appendix A:
Original Text

This novella is a loose adapation of the original episode from Book II of Livy's *Ab Urbe Condita*. The text is given in full below.

9. Inde P. Valerius iterum T. Lucretius consules facti. Iam Tarquinii ad Lartem Porsennam, Clusinum regem, perfugerant. Ibi miscendo consilium precesque nunc orabant, ne se, oriundos ex Etruscis, eiusdem sanguinis nominisque, egentes exsulare pateretur, nunc monebant etiam ne orientem morem pellendi reges inultum sineret. Satis libertatem ipsam habere dulcedinis. Nisi quanta vi civitates eam expetant tanta regna reges defendant, aequari summa infimis; nihil excelsum, nihil quod supra cetera emineat, in civitatibus fore; adesse finem regnis, rei inter deos hominesque pulcherrimae. Porsenna cum regem esse Romae tutum, tum Etruscae gentis regem, amplum Tuscis ratus, Romam infesto exercitu venit. Non unquam alias ante tantus terror senatum invasit; adeo valida res tum Clusina erat magnumque Porsennae nomen. Nec hostes modo timebant sed suosmet ipsi cives, ne Romana plebs, metu perculsa, receptis in urbem regibus vel cum servitute pacem acciperet. Multa igitur blandimenta plebi per id tempus ab senatu data. Annonae in primis habita cura, et ad frumentum comparandum missi alii in Volscos, alii Cumas. Salis quoque vendendi arbitrium, quia impenso pretio venibat, in publicum omne sumptum, ademptum privatis; portoriisque et tributo plebes liberata, ut divites conferrent qui oneri ferendo essent: pauperes satis stipendii pendere, si liberos educent. Itaque haec indulgentia patrum asperis postmodum rebus in obsidione ac fame adeo concordem civitatem tenuit, ut regium nomen non summi magis quam infimi horrerent, nec quisquam unus malis artibus postea tam popularis esset quam tum bene imperando universus senatus fuit.

10. Cum hostes adessent, pro se quisque in urbem ex agris demigrant; urbem ipsam saepiunt praesidiis. Alia muris, alia Tiberi obiecto videbantur tuta: pons sublicius iter paene hostibus dedit, ni unus vir fuisset, Horatius Cocles; id munimentum illo die fortuna urbis

Romanae habuit. Qui positus forte in statione pontis cum captum repentino impetu Ianiculum atque inde citatos decurrere hostes vidisset trepidamque turbam suorum arma ordinesque relinquere, reprehensans singulos, obsistens obtestansque deum et hominum fidem testabatur nequiquam deserto praesidio eos fugere; si transitum ponte a tergo reliquissent, iam plus hostium in Palatio Capitolioque quam in Ianiculo fore. Itaque monere, praedicere ut pontem ferro, igni, quacumque vi possint, interrumpant: se impetum hostium, quantum corpore uno posset obsisti, excepturum. Vadit inde in primum aditum pontis, insignisque inter conspecta cedentium pugna terga obversis comminus ad ineundum proelium armis, ipso miraculo audaciae obstupefecit hostes. Duos tamen cum eo pudor tenuit, Sp. Larcium ac T. Herminium, ambos claros genere factisque. Cum his primam periculi procellam et quod tumultuosissimum pugnae erat parumper sustinuit; deinde eos quoque ipsos exigua parte pontis relicta revocantibus qui rescindebant cedere in tutum coegit. Circumferens inde truces minaciter oculos ad proceres Etruscorum nunc singulos provocare, nunc increpare omnes: servitia regum superborum, suae libertatis immemores alienam oppugnatum venire. Cunctati aliquamdiu sunt, dum alius alium, ut proelium incipiant, circumspectant; pudor deinde commovit aciem, et clamore sublato undique in unum hostem tela coniciunt. Quae cum in obiecto cuncta scuto haesissent, neque ille minus obstinatus ingenti pontem obtineret gradu, iam impetu conabantur detrudere virum, cum simul fragor rupti pontis, simul clamor Romanorum, alacritate perfecti operis sublatus, pavore subito impetum sustinuit. Tum Cocles "Tiberine pater" inquit, "te sancte precor, haec arma et hunc militem propitio flumine accipias." Ita sic armatus in Tiberim desiluit multisque superincidentibus telis incolumis ad suos tranavit, rem ausus plus famae habituram ad posteros quam fidei. Grata erga tantam virtutem civitas fuit; statua in comitio posita; agri quantum uno die circumaravit, datum. Privata quoque inter publicos honores studia eminebant; nam in magna inopia pro domesticis copiis unusquisque ei aliquid, fraudans se ipse victu suo, contulit.

Appendix B:
A Note to Teachers

Thank you for giving this book to your students to read!

To the best of my ability, I have written this book in a Classical idiom to the extent the limited vocabulary allows. If you should find any typos or other more serious mistakes or omissions, please let me know at domusmilvina@fastmail.com. I will be very grateful!

An explanation about the label. As you can see on the back cover, I designated this book as "Level A, Volume 6.1." The "Level A" means that this book is at the easiest level I intend to write. Please do not equate Level A with Latin 1. I purposely used letters instead of numbers to avoid putting any pressure on teachers.

The "6" of "Volume 6.1" means that I give this novella to my studens after we have completed six units of Comprehensible Input instruction together. The "1" means that this is the first of my novellas based on these six units.

Someday I hope to put teaching materials on my website, but until that time, here are the verbs to which my students have received repeated exposure (in the singular of the present, imperfect, and perfect tenses) before being asked to read this book:

abeō	habeō	sciō/nesciō
agō	inquam	sum
capiō	placeō	veniō
dō	possum	videō
eō	respondeō	volō/nōlō
ferō		

They have also repeatedly seen the passive perphrastic and the ablative absolute.

LEXICON

ā *from, away from; by*

ab *from, away from; by*

abeundum erat *it had to be left; or, had to leave*

abeundum est *it has to be left; or, must leave*

abeunt *(they) go away, (they) leave*

abeuntēs *going away, leaving*

abībant *(they) were going away, (they) were leaving; (they) went away, (they) left*

abībat *(he) was going away, (he) was leaving; (he) went away, (he) left*

abībit *(he) will go away, (he) will leave*

abierat *(he) had gone away, (he) had left*

abiērunt *(he) went away, (he) left*

abiit *(he) went away, (he) left*

abīre *to go away, to leave*

abīte *go away!* [talking to more than one person]

abītis *you go way, you leave* [more than one person]

āctūrus esset *was going to do*

ad *to, towards*

agam *I should do*

agāmus *we should do*

agant *are doing*

age! *come on!* (talking to more than one person)

agenda sunt *(they) must be done*

ageret *(he) should do*

agite! *come on!* (talking to more than one person)

aliī *other, others, some*

aliī *other*

aliōs *other*

auxiliō *by the help*

auxilium *help*

bone *good*

bonī *good*

bonō *good*

bonus *good*

capere *to take, to capture*

caperent *they might capture*

capiam *I will capture*

capiēbam *I was capturing, I captured; I was taking, I took*

capiēbat *(he) was capturing, (he) captured; (he) was taking, (he) took*

capiēmus *we will capture, we will take*

capienda est *must be captured; must be taken*

capiendus est *must be captured; must be taken*

capient *(they) will capture; (they) will take*

captā *having been captured; having been taken*

captō *having been captured; having been taken*

Clūsiī *in Clusium* [an Etruscan city north of Rome]

Clūsīnus *of Clusium* [an Etruscan city north of Rome]

Clūsiō *from Clusium* [an Etruscan city north of Rome]

Clūsium *Clusium; to Clusium* [an Etruscan city north of Rome]

Coclēs *Cocles* [a name, it means "one-eyed"]

cum *with*

cūr? *why?*

dabit *(he) will give*

dabō *I will give*

dēfendam *I will defend*

41

dēfendēbant *(they) were defending, (they) defended*

dēfendēbat *(he) was defending, (he) defended*

dēfendendus est *must be defended*

dēfendere *to defend*

dēfendet *will defend*

dēfendistis *you defended* [more than one]

dēfendit *(he/it) is defending, (he/it) defends*

dēsiluit *(he) jumped down*

diū *for a long time*

domō *from the house, from the home*

domum *to the house*

ecce! *look!*

ego *I*

ēheu! *oh no!*

eī *to him; by him*

eōs *them*

erant *(they) were*

erat *(he/it) was*

erit *it will be*

esse *to be*

esset *was*

est *(he/it) is*

estis *you are* [more than one person]

Etruscī *the Etruscans* [a people who lived north of Rome]

Etruscīs *to the Etruscans; by the Etruscans; the Etruscans*

Etruscōrum *of the Etruscans*

Etruscōs *the Etruscans*

eum *him*

eundum *it must be go-ed*

euntem *going*

ex *out of, from*

exēgērunt *[they] drove out; [they] have driven out*

exēgimus *we drove out*

exigent *[they] will drive out*

exigere *to drive out*

exigētis *you will drive out* [more than one person]

extrā *outside of*

feram *I will bring*

ferāmus *we may bring*

ferēmus *we will bring*

ferendum *(it) must be brought; it must be reported*

ferēsne? *will you bring?*

feret *(he) will bring*

ferre *to bring*

ferte! *bring!* [talking to more than one person]

ferunt *(they) are bringing*

fīnis *the end*

fortasse *perhaps*

frāctō *having been broken*

frāctum esse *had been broken*

frangēbant *(they) were breaking*

frangendī sunt *(they) must be broken*

frangendus erat *(it) needed to be broken, (it) had to be broken*

fragendus est *(it) must be broken*

frangent *(they) will break*

frangere *to break*

frangerent *(they) might break; to break*

frangite! *break!* [talking to more than one person]

frangunt *(they) are breaking, (they) do break*

frēgerant *(they) had broken*

frēgimus *we have broken*

frēgistis *you have broken* [more than one person]

haec *these things*

hahahae *ha! ha! ha!*

Herminī *Herminius* [a name]

Herminiō *Herminius, to Herminius* [a name]
Herminius *Herminius* [a name]
hī *these*
hic *this*
hōc *this*
Horātī *Horatius* [a name]
Horātiō *to Horatius, Horatius* [a name]
Horātium *Horatius* [a name]
Horātius *Horatius* [a name]
huic *this*
hunc *this*

Ianiculō *the Janiculum Hill* [a hill across the Tiber River from Rome]
Ianiculum *the Janiculum Hill* [a hill across the Tiber River from Rome]
ībant *(they) were going*
ībat *(he) was going*
ībimus *(we) will go*
ībō *(I) will go*
ībunt *(they) will go*
iīs *to them, from them, by them*
iit *(he) went*
in *in, on, into*
inquit *(he) said*
inquiunt *(they) said*
interfēcit *(he) has killed*
interficere *to kill*
interficiāmus *let's kill*
interficiēbam *I was killing*
interficiēbant *(they) were killing*
interficiēbat *(he) was killing*
interficiēmus *we will kill*
interficiendī sunt *(they) must be killed*
interficiendus est *(he) must be killed*
interficient *(they) will kill*
interficite! *kill!* [an order made to more than one person]
īre *to go*

īrī
    victum īrī *(he) would be defeated, (they) would be defeated*
ita vērō! *yes!*
itaque *and so*
īte! *go!* [an order made to more than one person]
ītis *you are going* [more than oner person]

laetī *happy*
laetissimus *very happy*
laetus *happy*
Larcius *Larcius* [a name]
Larciō *Larcius, to Larcius*
Larcius *Larcius* [a name]
Lārs *Lars* [a name]

magna *big, large*
magnam *a lot*
magne *great*
magnus *large, big*
malī *bad, evil*
malum *bad, evil*
malus *bad, evil*
mānēbat *(he) was staying, (he) was remaining*
manēbit *(he) will stay, (he) will remain*
manēbō *I will stay, I will remain*
manendum erit *it will need to be stayed*
manendum est *it must be stayed*
manentēs *staying, remaining*
manēre *to stay, to remain; staying, remaining*
Marcus *Marcus* [a name]
mē *me*
mea *my, mine*
meā *my, mine*
meam *my, mine*
mēcum *with me*
meō *my, mine*

mihi *to me, by me*
mox *soon*
multī *many*
multīs *many*
multōs *many*

nam *for*
nātāre *to swim*
nātāvit *(he) swam*
nē *so that . . . not*
nesciēbant *(they) were not knowing,*
  (they) did not know
nesciēbat *(he) was not knowing, (he) did*
  not know
nescīmus *we do not know*
nesciō *I do not know*
nōbīs *to us; by us; us*
nōlēbam *I was not wanting, I did not*
  want
nōlēbant *(they) were not wanting, (they)*
  did not want
nōlēbat *(he) was not wanting, (he) did not*
  want
nōlent *(they) will not want*
nōlet *(he) will not want*
nōlīte . . . abīre! *don't go away!, don't*
  leave!
nōlō *I do not want*
nōmine *named* [literally, "by name"]
nōn *not*
nōnne? *surely . . . ?* [question word that
  required an answer of "yes"]
nōs *we; us*
nostrae *our*
numquam *never*
nunc *now*

ō *o* [used before calling someone by
  name]
ōlim *in the past, once upon a time*
omnēs *all*

omnēsne? *did all?*
omnibus *all*

pecūnia *money*
pecūniam *money*
placēbant *they were pleasing, they pleased*
placēbās *you were pleasing* [one person]
placēbat *(he/it) was pleasing*
placēbit *(it) will be pleasing*
placēmus *we are pleasing*
placent *(they) are pleasing*
placeō *I am pleasing*
placēs *you are pleasing* [one person]
placet *[he/it] is pleasing*
placētis *you are pleasing* [more than one
  person]
placetne? *is it pleasing?*
pōns *a bridge, the bridge*
ponte *a bridge, the bridge*
pontem *a bridge, the bridge*
pontēs *bridges, the bridges*
Porsenna *Porsenna* [a name]
Porsennā *Porsenna* [a name]
Porsennae *to Porsenna, of Porsenna*
Porsennam *Porsenna* [a name]
posse *[he] was able*
possit *(he) may be able*
possum *I am able*
possumus *we are able*
possunt *(they) are able*
possunte *are (they) able to swim?*
poterāmus *we were able*
poterant *(they) were able*
poterat *(he) was able*
poterimus *we will be able*
poteris *you will be able* [one person]
poterit *(he) will be able*
poteritis *you will be able* [more than one
  person]
poterōne? *will I be able?*
poterunt *they will be able*

potest *(he/it) is able*
potestis *you are able* [more than one]
potestne? *is [he] able?*
prō *for*
prope *near*
Pūblius *Publius* [a name]

quia *because*
quid? *what?*
quīdam *a certain, a*
quis? *who?*
quoque *also*

rēgem *king, a king, the king*
rēgēs *kings*
rēgī *by a king; to the king*
respondērunt *(they) answered, replied*
respondit *(he) answered, replied*
rēx *king, the king, a king*
Rōma *Rome*
Rōmā *from Rome, Rome*
Rōmae *in Rome*
Rōmam *Rome; to Rome*
Rōmānī *Romans, the Romans*
Rōmānīs *from the Romans; to the Romans; by the Romans*
Rōmānōrum *of the Romans*
Rōmānōs *Romans, the Romans*
Rōmānus *Roman, a Roman*
rūrsus *again*

sanē *clearly, obviously*
sciēbat *(he) was knowing, (he) knew*
sciō *I know*
sciunt *(they) know*
sē *he; they*
sed *but*
semper *always*
sibi *to himself*
Spurius *Spurius*
suā *his*

suam *their*
sum *I am*
sumus *we are*
sunt *(they) are*

tamen *however; nevertheless*
Tarquinī *Tarquinius* [a name]
Tarquiniō *Tarquinius; to Tarquinius* [a name]
Tarquinium *Tarquinius* [a name]
Tarquinius *Tarquinius* [a name]
tē *you* [one person]
Tiberim *the Tiber River* [the river north of Rome, separating Rome from the Etruscans]
Tiberis *the Tiber River* [the river north of Rome, separating Rome from the Etruscans]
tibi *to you* [one person]
Tite *Titus* [a name]
Titō *to Titus* [a name]
Titus *Titus* [a name]
tū *you* [one person]
tuī *your* [one person]
tuīs *your* [one person]
tulērunt *(they) brought*
tulimus *we brought*
tulistis *you brought* [more than one person]
tum *then*

ubi *where*
ūnī *one*
ūnum *one*
ūnus *one*
ūnusne? *is one?*
urbe *the city, city*
urbem *they city, city*
urbī *to the city*
urbs *the city, city, a city*
ut *so that, to, in order to*

Valerius *Valerius* [a name]
vēnerant *(they) had come*
vēnērunt *(they) came; (they) have come;*
(they) did come
veniam *I will come*
veniāmus *we may come*
veniant *(they) may come*
veniēbant *(they) were coming; (they) came*
veniēmus *we will come*
veniendum est *it must be come*
venient *(they) will come*
veniēsne *will come come?* [more than
person]
veniet *(he) will come*
venīre *to come*
venīrent *(they) might come*
vēnistī *you have come* [one person]
vēnistis *you came* [more than one
person]
vēnit *(he) came*
venīte! *come!* [an order made to more
than one person]
veniunt *(they) are coming*
vērō
ita vērō! *yes!*
vestram *your* [more than one]
vīcerant *(they) had conquered*
vīcit *(he) defeated; (he) has defeated*
victum īrī *will be defeated; would be
defeated*
victūrī *about to defeat, going to defeat*
vidēbimus *we will see*
vidēmus *we see*
videō *I see*
vīderat *(he) had seen*
vīdērunt *(they) saw*
vidēsne? *do you see?*
vidētis *you see* [more than one person]
vīdī *I have seen*
vīdit *(he) saw*
vincēmus *we will defeat*

vincendī sunt *(they) must be defeated*
vincent *(they) will defeat*
vincere *to defeat*
vincēsne? *will you defeat?* [one person]
vincet *(he) will defeat*
vir *man, a man*
virī *men*
virō *by a man*
virōs *men*
vīs *you want* [one person]
vīsīs *having been seen*
vīsō *having been seen*
vōbīs *to you, by you, you* [more than one
person]
volēbam *I was wanting*
volēbant *(they) were wanting; (they)
wanted*
volēbat *(he) was wanting; (he) wanted*
volent *(they) will want*
volō *I want*
volunt *(they) want*
vōs *you* [more than one person]
vult *(he) wants*
vultis *you want* [more than one]
vultisne? *do you want?* [more than one]

More Latin Novellas from Domus Milvina

Level A

6.2 – *Ex Sepulcrō* (forthcoming)

He seems like a good priest. But where does he take the money given for the poor? And why does he always go to the graveyard at night? Perhaps the villagers and the bishop should investigate . . . But someone, or should we say some *thing*, has already taken the situation in hand . . .

8.1 – *Ad Orcum* (forthcoming)

Sometimes the best day of your life becomes the worst. No matter what people say, poisonous snakes and wives just don't mix. But Orpheus, the greatest musician in the world, isn't the type to back down—even to death. He's taking his show on the road – all the way to underworld – to get his Eurydice back.

Level B

10.1 – *Confessiō Patriciī* (forthcoming)

Sometimes you think you have it all: a great mom and dad, a great house, a great future. Then sometimes pirates kidnap you and take it all away. But what if what you had wasn't really having? And what if while "having nothing" you actually have everything? Find out what fate awaits young Patrick in Ireland . . .

12.1 – *Ducēs et Cohcleae* (forthcoming)

Marius the Great. Marius the Conquerer. Marius the Invincible. Marius the Loser? Marius is the greatest Roman general; but, in the wilds of Numidia, he seems to have bitten off more than even he can chew. Sometimes you just have to trust to luck . . . and to some non-human helpers.

Made in the USA
Coppell, TX
28 October 2022